Hernando Cardozo Luna

LIBRO DE POEMAS

 HCL

Hernando Cardozo Luna

Tu Boca Pintada

 HCL

Derechos de la obra

"Tan intensamente contemplé la hermosura

que llena esta mi vista de ella".

C.P. CAVAFIS

Que la lluvia se evapora...
— Prueba de la reencarnación —
H. C L.

Por cuarta vez a Ti

Contenido

CEDER

Si tus alegrías
son las mías,
alguien
saldrá herido.

ASPIRACIÓN

Hubo
mariposa que quiso
ser gaviota.
Por alto que voló
jamás logró pescar.

TU BOCA PINTADA

Quien pinta tus labios
no es el color,
es la sangre que llevas
adentro.

! Ah ¡Tantas cosas antiguas
por un beso,
Helenas, Capuletos, Montescos y Dulcineas
y para no olvidar,
Taj Mahal.

Suerte la de hoy,
basta un esfuerzo
para estar en tu
boca..

CIRCO

Yo habito un circo
sin carpa, sin sillas …
        sin
"Señoras y Señores…"
Hago malabares en la cuerda
del horizonte,
juego con el fuego
de las manos,
me desplazo del llanto
a la risa,
enjaulado poso
de domador,
no me aplaudo,
enamorado estoy
de
la
contorsionista,
y la
función
aún no
comienza.

AMOR

Salta
el grillo
de hoja
en
hoja
sin detenerse en ninguna.
¿Cuál su casa?
¿Cuál su angustia?
¿y a quién llama
cuando canta?

HAIKU XXVIII

Amo aquel aire
que iza tu cabello
 y el pliegue de tu falda.

HAIKU XXIX

Lago
quiso cambiar de ubicación,
simple
a nube se pasó.

HAIKU XXX

Cuna, cama, ataúd.
Conjunto en madera
del cual
no salimos.

HAIKU XXXI

Vaca rumiando.
En su lomo, la garza
prepara vuelo.

HAIKU XXXII

El viento
que sostiene la libélula
se volvió a enojar.

HAIKU XXXIII

Prolongar un sueño
es sencillo,
basta con seguir
dormido.

HAIKU XXXIV

El felino pisa con silencio.
Despavorido
el gamo.

INMORTALIDAD

Los que se precipitan,
los que en alta mar
arrojaron el ancla,
han vuelto, han vuelto,
reclamando su inclusión,
al menos
en el recuerdo.

HAIKU XXXV

El olvido es el nuevo color
de la flor
cuando
se estropea.

HAIKU XXXVI

Enclaustrada en un capullo
va naciendo
la hermosura.

OLÍMPICOS

La vida no da ventajas
siempre nos sitúa
atrás
de una piel
de un escritorio
de un sacerdote o notario
de un zaguán
de una reja
de un perro
de una mujer
y como si fuere poco,
de una meta.

EN LA VENTANA

Hay un pequeño
atraído por la lluvia,
pateando el charco,
porque él también
quiere hacer llover.

Hay una pareja
que cubren sus cabezas
con el saco del muchacho,
pues ellos quieren besarse
bajo el agua.

Hay un hombre
con gabán y portafolio
que corre por entre el
chubasco presuroso.

Hay un anciano
en la banca del parque
que no se inmuta

porque el granizo
le ocupe sus bolsillos
vacíos.

TRAMPA POR LA CALLE

¡Ahí va!
De ocre pintado los párpados
y par de esferas verdes
adentro.

¡Ahí va!
volando sin afán
el volumen exacto.

Ahí va,
por la calle del frente
la poesía.

RIÑA

Como duele la espuela adherida al lomo
que va acabando con el gallo,
mientras apostaba
a que se le había engañado.

Como ruge el aleteo
del ave triunfante.

Como cae la sombra
sobre el ruedo
ensangrentado.

BORRADOR

No es calamidad
que el paraguas no se abriera,
más sí el aguacero de las seis en la tarde.
Tampoco,
que el patrón incumpliera con la quincena,
ni la llamada del colegio
alarmados con la varicela del hijo,
menos aún,
la confirmada sospecha
del atraso menstrual de mi mujer.

Si, estoy aquí, viajando,
colgado de un tubo
escurriendo agua y sudor,
pensando
en que tengo tema y tiempo
para un poema.

CANTO

Hijo,
tu voz angelical
ha de estar al servicio del culto.

Madre,
no hay de qué preocuparse,
todos los domingos
en la catedral
arrojo lo mejor
de mi canto.

Coro.

¡Arbitro h. de p.! (bis)
¡Y dale y dale
y dale rojo dale …!

NOVIAS

Cientos de besos y versos
ensayados.

Ninguna era imaginaria,
todas invisibles.

Deambulaban
con sus risas y rizos.

Desparpajas voces.

Tiernas pieles.

¡Ah! Novias ausentes
¿qué les habrá
cobrando
el tiempo?

GUERRERO

Me gusta
el acto de valor.
Ese,
del cual ni uno mismo
puede dar fe.

Me gusta
el acto de heroísmo,
salpicado de arrebato, como,
ese
de gritar "que te deseo"
sin que tú
me puedas escuchar.

FINCA RAÍZ

Leí el aviso clasificado y fue como si me hubiese
colocado frente a la casa que habitamos como pareja por
primera vez.

Los muebles eran escasos,
los velos que nos regalaron
apenas eran un
cedazo para la luz.

El árbol que se convirtió en piso
lloraba todavía su destino
cada vez que lo caminábamos.

El agua, líquido escaso y turbio
salía por el ducto
aumentando el frio de nuestra humanidad
y el ardor de la piel.

Si, la casa con un patio-solar
y su raquítico durazno
está nuevamente en arriendo,
imagino que alguien la va a tomar.

Seguramente ingresen
unos escasos muebles cargados
por un hombre y una joven mujer
aún sin niños.

OLVIDO

Por tu nombre
he perdido de la memoria
otros nombres.
Refiero los objetos con tu nombre
marco las cosas con tu nombre,
y la verdad,
aún no sé
cuál fue
tu nombre.

BIG - BANG

Los astronautas van cantando
que hay un nuevo punto
en el espacio
que atrae con nostalgia,
lo que en un instante de oscuridad
se dejó escapar.

MÚSICA MAESTRO

Son los besos ariscos
pero no la dulzaina
que hecha de metal y madera
he convertido en tus labios.

CUENTO

Caía la llovizna con una ligera inclinación. No era tan
fuerte como para resistir el soplo del aire. Atrás del
marco, un hombre sentado en el eterno movimiento de
una mecedora, observaba el paisaje, una montaña, un
lago, un bosque. Ese transporte mental le era lúdico. No
había chimenea en su adusto cuarto. De los libros por él
escritos no guardaba ninguno. Sobre el escritorio, un
cuarto de resma de hojas en blanco que le duraba casi tres meses,
en ellas iba escribiendo lo que se le ocurría,
su disciplina no era atormentante, la labor la
hacía en las tardes de todos los días, desde que
abandonó la cátedra universitaria en la ciudad. En la
madrugada, cuando el viento iniciaba su rutinaria carrera
por el lugar, él aprovechaba para dejar salir sus escritos
a través de la ventana. Y aunque sabía del destino,
siempre se preguntaba ¿a dónde? ¿a dónde habrá
ido… ella?

A LOS NIETOS

En el armario de la abuela
-a la que apodaban la bella-
una vez forzados
los cuatro postigos,
debajo de un zurrón
que a primera vista
parecía contener unos gramos de oro,
que finalmente resultaron ser trozos de naftalina,
le encontramos,
después de muerta,
descolorida foto…,
y no era
la del
abuelo.

IMAGINACIÓN

Me parecía verla,
con su caminar,
el mismo cabello recogido,
el mismo talle de ayer.

Me pareció verla
después de haberla olvidado,
esta vez quiero seguirla.

Aturdido, giré
de un lado para otro la cabeza
en busca de mejor ubicación.

Me pareció verla.

Creó que dobló
la esquina.

EL PAVOR DE LAS ESTRELLAS

La belleza no soporta
el paso de tiempo.

¡Hay que detenerlo!

¡Viva! el suicidio de Marylin.
¡Mueran las arrugas de Bardot!
¡Cuídate Madonna!

SOLOS

Se que tenemos un hogar
ausente de todo lo que relaciona
esa maltratada palabra.

Ningún taburete, ninguna sábana,
ni un ciruelo.

Cuentas no hay por pagar
fuera de la gratitud
adicional al amor que nos profesamos.

Faltaron, además los críos,
nadie nos sucederá.
¿Por nosotros quién indagará?

Se va a diluir
todo,
y eso es bueno saberlo.

Muerta tú, muerto yo
o viceversa.

DESPERTANDO

Un domingo cualquiera,
entre nueve y diez
de la mañana,
cuando a penas despierto,
me gustaría
girar, abrazarte
y seguir…,
recto.

MOLDE

Las líneas de tu cuerpo
fueron
el molde del mismo aire.
No son ni curvas
ni rectas,
ni siquiera puntos,
no sé qué son
pero elementales,
sencillas,
como un
laberinto.

CURSI

Que Dios existe
no es cuestión de ubicarlo en el antiguo
o el nuevo testamento,
es simple resolución
de mirarte a los ojos.

COSECHA

Escarba,
desaloja la tierra,
clava tu nombre
y deja que
la lluvia
haga
el resto.

ESPEJO

Desnudarme
es dejar la piel
sin un solo
temor.

¡Aún no principio!

EL HURACÁN

Sobre el horizonte inclinado
se desliza la suerte
que cae de espaldas,
e impulsada por la furia del viento
despeina a la palmera,
que bailando
se resiste al desarraigo.

LOS SENTIDOS

Los que creen que a la vida hay que darle sentido,
no han observado el árbol
que crece,
da frutos,
proyecta sombras,
alberga nidos
y recibe orines.

LOS AMANTES

De pie desnudos
se observan,
no sienten rubor,
se amalgaman.

Sólo sus espaldas
al descubierto.

NO

Para qué quieres
saber que más
te quiero
si el amor
no es medida
de nada.

Fíjate en los espacios
que separan una estrella
de otra
o
en la cresta de las olas
cuando apuntan
a la playa
o
cuenta los besos
que toda boca
desea besar.

Para qué quieres
saber que más
te quiero,

si el amor
se disuelve
en un
no.

MANZANA

Por creerte fruta te mordí.
¡Valió la pena salir del
paraíso!

AUTOR

Hernando Cardozo Luna nació en Bogotá el 30 de septiembre de 1948. Es un prestigioso abogado, doctor en Ciencias Jurídicas y Socioeconómicas, de la Pontificia Universidad Javeriana.

Su obra literaria incluye:

"Punta Azul" (1987) - Su primer libro de poemas, que marcó el inicio de su carrera literaria.

"Sonata en ti Sostenida" (1989) - Una obra que explora la musicalidad del lenguaje y las emociones humanas.

"Olor a ti" (1992) - Poemas que evocan los sentidos y la intimidad de las relaciones.

"Tu Boca Pintada" (1993) - Un viaje lírico a través del amor y el deseo.

"El Colibrí en el Mandarino" (1995) - Una colección que combina la naturaleza con la reflexión poética.

"Haiku" (2025) - Su más reciente trabajo literario.

CONTACTO

Si desea obtener más información sobre el autor y/o puede contactarnos al siguiente correo: poesiahcl@gmail.com Escanea el código QR y contáctenos.

¡Muchas gracias!

Made in the USA
Middletown, DE
15 December 2025